Kurt Asche

Bürgerhäuser
in Ostfriesland

Kurt Asche

Bürgerhäuser in Ostfriesland

Soltau-Kurier-**Norden**

BIBLIOTHEK OSTFRIESLAND

Kurt Asche
Bürgerhäuser
in Ostfriesland

Band X der
„Bibliothek Ostfriesland"
im Buchverlag des Hauses
Soltau-Kurier-Norden

1. Auflage 1992 – 2000 Exemplare
ISBN 3-922365-39-6

Inhaltsverzeichnis

Vorwort

Die deutsche Kunstgeschichte und die Volkskunde haben sich dem Bürgerhaus als einem eigenständigen Gegenstand der Profanbaukunst erst verhältnismäßig spät zugewendet. Neben den Glanzleistungen der mittelalterlichen Sakralarchitektur und den Repräsentationsbauten des Absolutismus erschienen die zumeist von anonymen Baumeistern geschaffenen Häuser bürgerlicher Auftraggeber dem Architektur- und Kunsthistoriker zunächst nicht darstellungswürdig. So verzeichnet ein deutsches Standardwerk von 1907, der „Grundriß der Kunstgeschichte" von Lübke-Semrau, für das 17. und 18. Jahrhundert neben einer Fülle von Kirchen, Schlössern und Palästen lediglich sechs Fassaden von Bürgerhäusern. Als Bautypus wurde das Bürgerhaus, das bis zur sogenannten Gründerzeit ein prägendes Element der europäischen Stadt gebildet hatte, zwar von der Volkskunde schon vorher in seiner Bedeutung erkannt, rangmäßig aber bis in unser Jahrhundert hinein den Bauernhäusern nachgeordnet. Die letztgenannten dagegen waren bereits um die Jahrhundertwende zum Teil zeichnerisch und fotografisch aufgenommen worden und wurden in einem Tafel- und Textband, der alle deutschen Provinzen repräsentierte, unter dem Titel „Das Bauernhaus im Deutschen Reich" 1906 erstmals umfassend publiziert. Insbesondere in den dreißiger Jahren gewann das Bauernhaus dann durch die Wiederaufnahme ländlicher Bautraditionen, wie etwa der des Fachwerks, in der offiziellen Architektur eine geradezu weltanschaulich-politische Dimension, nicht zuletzt als Folge der „Blut-und-Boden"-Ideologie der gleichzeitigen NS-Propaganda.

Gleichwohl war schon 1904 anläßlich des fünften Tages für Denkmalpflege in Mainz erstmals auf die bis dahin vernachlässigte Denkmälergruppe der historischen Bürgerhäuser hingewiesen worden, und noch vor dem Ersten Weltkrieg begann eine systematische zeichnerische Erfassung wichtiger Objekte durch den Deutschen Architekten- und Ingenieurverein mit Unterstützung örtlicher Stadtbauämter.[1] Mit der Publikation eines Teils dieser Bestandsaufnahmen war der Anstoß gegeben für weitere grundlegende Darstellungen, die dann seit 1920 von privater und amtlicher Seite veröffentlicht wurden.

Auch in Ostfriesland begann die systematische Erforschung des Bürgerhauses schon vor dem Ersten Weltkrieg. Hier ist vor allem die verdienstvolle Arbeit von Karl Mählmann über „Das Wohnhaus Alt-Emdens vom 15. bis 19. Jahrhundert" zu nennen, die 1912 an der Technischen Hochschule Berlin entstand und die 1913 veröffentlicht wurde. Ihr besonderer Wert liegt darin, daß sie durch zahlreiche Grundrisse, Ansichten, Schnitte und Detailzeichnungen von Gebäuden, die inzwischen zerstört sind, illustriert ist. Als ebenso wichtig für das ostfriesische Bürgerhaus ist die von Heinrich Siebern erstellte, umfangreiche Bearbeitung der „Bau- und Kunstdenkmäler der Stadt Emden" zu bezeichnen, die 1927 in der Reihe „Die Kunstdenkmäler der Provinz Hannover" erschien. Die einseitige Bevorzugung Emdens durch die genannten Autoren erwies sich als ein Glücksfall, da gerade diese Stadt im Zweiten Weltkrieg besonders schwer getroffen wurde und dadurch ihr charakteristisches Gesicht einbüßte. Ihre Architektur ist durch die obigen Inventarwerke wenigstens dokumentarisch der Nachwelt überliefert. Trotz der Zerstörungen in Emden und der Nachkriegsverluste in den übrigen Städten sowie in den Sielhäfen und kleineren Ortschaften gibt es in Ostfriesland noch immer eine so große Zahl von bemerkenswerten Bürgerbauten, daß eine systematische Erfassung, Bearbeitung und Publikation notwendig und lohnend erscheint. Viele Gebäude sind allerdings in den letzten beiden Jahrzehnten durch Modernisierungen so sehr verfremdet oder verdorben worden, daß sie sich nur noch durch zeichnerische Rekonstruktion in ihrem ursprünglichen Zustand darstellen lassen.

In der vorliegenden Übersicht ist keine Vollständigkeit – etwa im Sinne aller historisch nachweisbaren Haustypen in Ostfriesland – angestrebt. Es wird lediglich der Versuch unternommen, die wichtigsten Kategorien von Bürgerhäusern für einen Zeitraum von etwa fünfhundert Jahren anhand von charakteristischen Beispielen vorzustellen. Unter dem Begriff „Bürgerhaus" werden nach unserem Verständnis alle baulichen Leistungen des Bürgertums zusammengefaßt – Häuser der Kaufleute, der Handwerkerschaft, der Fluß- und Seeschiffer ebenso wie solche des städtischen Adels, der führenden Ratsherren- oder Patrizierfamilien und der Kommunen selbst. In der hier vorgestellten Übersicht bleiben jedoch große Gemeinschaftsbauten wie Rat- und Amtshäuser, Stadtwaagen, Fleischhallen und Gildehäuser, deren Entstehung ebenfalls bürgerlicher Initiative zu verdanken ist, mit Ausnahme zweier karitativer Gebäude unberücksichtigt. Wir haben außerdem für diese kurze Untersuchung, die in der Regel auf die zum Verständnis der Funktion unerläßlichen Zeichnungen verzichtet, mit gutem Grund zumeist solche Bauten ausgewählt, die bis heute an Ort und Stelle erhalten sind. Sie sind es in erster Linie, die für die Menschen der Gegenwart unmittelbares Anschauungsmaterial liefern können und die geeignet sind, das – im Sinne des Denkmalschutzes – wertvolle bauliche Erbe zu vergegenwärtigen.

Eine umfassende sozio-kulturelle Betrachtung des ostfriesischen Bürgerhauses darf im übrigen aus heutiger Sicht nicht nur die architekturgeschichtlich oder künstlerisch hochrangigen Bauten behandeln, sie muß auch die Häuser der sozialen Unterschicht, der Unselbständigen und der sogenannten kleinen Leute, berücksichtigen. Sie sollte gleichsam hinabsteigen in die Niederungen des Alltags und dabei womöglich die wirtschafts- und sozialgeschichtlichen ebenso wie die formalen und künstlerischen Aspekte ins Auge fassen. All das kann, schon aus Gründen des Umfangs, im Rahmen dieser kurzen Darstellung, die für das behandelte Gebiet eine erste Übersicht liefern soll, naturgemäß nicht geleistet werden. Es ist aber für uns keine Frage, daß das anspruchslose, kleine Vorstadthaus eines Handwerkers oder Hafenarbeiters, eines Fischers, Steuermanns oder Maschinisten für die Geschichte des ostfriesischen Bürgerhauses ebenso aussagefähig ist wie das große Renaissance-Haus eines wohlhabenden Patriziers oder das Kontorhaus eines Reeders und Schiffseigners. Beide Kategorien sind hinsichtlich Grundrißbildung, Funktion und Konstruktion gleichermaßen relevant und darstellungswürdig, auch wenn sie unterschiedlichen kunsthistorischen Rang besitzen. Unter den genannten Voraussetzungen stehen deshalb hier das städtische und vorstädtische Wohn-, Geschäfts- und Lagerhaus sowie das für das Küstengebiet typische Steinhaus im Vordergrund. Dabei haben wir sechsundzwanzig Gebäude von ausgeprägter formaler und funktionaler Eigenart ausgewählt, die wir nachstehend in chronologischer Reihenfolge besprechen.

Oldenburg, im Februar 1992   Kurt Asche

9

Das Steinhaus des 15. Jahrhunderts

Das Steinhaus in Ostfriesland repräsentiert einen Haustyp, der als Wehr- und Wohnbau ursprünglich mächtigen und wohlhabenden Familien vorbehalten war und der mit der Entstehung und Ausbreitung der Häuptlingsherrschaft untrennbar verbunden ist. Das Steinhaus erscheint seit dem Ende des 13. Jahrhunderts weniger in den Städten als in den Kirchdörfern Ostfrieslands, aber in Westfriesland in großer Zahl auch auf dem platten Land. Es wurde im 14. und 15. Jahrhundert zunehmend zum baulichen Ausdruck und zum Herrschaftssymbol einer zunächst nichtadligen, nach Emanzipation und Macht drängenden Oberschicht der mittelalterlichen, „republikanischen" Landesgemeinden. Dem entspricht seine äußere „bürgerliche" Erscheinung als Turmhaus oder als eingeschossiges Saalhaus, eine Form, die diesen Typus von dem in den

Dörfern sonst vorherrschenden Gulfhaus der bäuerlichen Bevölkerung auf den ersten Blick entschieden abgrenzt (Abb. 1). Seit dem Beginn des 15. Jahrhunderts ist das Steinhaus auch als Wohnsitz für Pfarrherren und Kanoniker zu belegen, wie die Beispiele in Stapelmoor und Nesse sowie die Steinwerke und Kemenaten in west- und ostniedersächsischen Städten beweisen.

Das hier vorgestellte Beispiel von Stapelmoor verdankt seine Entstehung nachweislich nicht strategischen Gründen, wie die meisten Häuptlingssitze, die nicht ohne Grund auch als „Burgen" bezeichnet werden, es wurde von Anfang an als Wohnung des Klerikers der nahegelegenen Kirche erbaut. Der Nordgiebel des Hauses trägt in seinen Spitzbogenblenden eine lateinische Inschrift in gotischer Fraktur, die das Erbauungsjahr, 1429, und den Namen des Bauherrn, des Pfarrers Thyabrand, enthält und die erst vor wenigen Jahren in ihrer Bedeutung erkannt wurde.[2] Das kleine Gebäude ist somit das älteste authentisch datierte Bürgerhaus in Ostfriesland. Für die angegebene frühe Entstehungszeit dieses Hauses spricht im übrigen auch seine einfache Giebelform: Es besitzt außer den charakteristischen Schornsteinen, die bündig in den Außenwänden enden, und den Spitzbogenblenden der Nordseite keinerlei Zierat, vor allem keine Staffeln oder „Fialen", wie sie den Steinhäusern des 16. und 17. Jahrhunderts eigentümlich sind. An der Südostseite hat sich im Obergeschoß ein originales Fenster mit einem Kreuzstock aus Ziegeln erhalten, das in seiner archaischen Form und in seinem Verzicht auf Sandstein die obige Datierung bestätigt. Es besitzt einen flachen Entlastungsbogen und ist wegen der typischen Ausbildung der – ursprünglich bleiverglasten – oberen Hälfte sowie der Außenfälze, die die Fensterläden im unteren Teil aufnehmen, für frühe Steinhäuser einzigartig und beispielhaft (Abb. 2). Aufgrund dieses Vorbildes lassen sich die zugemauerten Fensteröffnungen der übrigen Giebel- und Traufseiten und damit sämtliche Fassaden unschwer zeichnerisch rekonstruieren.

Die hochdeutsche Bezeichnung Steinhaus, die in Urkunden des späten Mittelalters zumeist niederdeutsch als „stenhus" und friesisch als „stins" auftritt[3], ist mit Sicherheit zur Unterscheidung der Konstruktion von der des Holzbaus entstanden. Sie charakterisiert treffend die geschlossene Erscheinung des zumeist aus Ziegeln bestehenden Baukörpers, dessen massiv gemauerte Wände

Abb. 2: Stapelmoor, Steinhaus Ostfenster

bisweilen, wie zum Beispiel in Bunderhee, über einen Meter Dicke erreichen, was dort Rückschlüsse auf seine Verteidigungsfunktion zuläßt. Demgegenüber weist das Haus in Stapelmoor im Erdgeschoß Mauerstärken von 75 Zentimetern und weniger auf, was offensichtlich den statisch-konstruktiven Ansprüchen des primär als Wohnhaus konzipierten Gebäudes vollauf genügte. Wie andere Beispiele in Ostfriesland und in den niederländischen Ommelanden besitzt Stapelmoor sodann die charakteristische „Upkamer" mit einem tonnengewölbten Keller darunter. Leider ist die Dachkonstruktion nicht mehr die ursprüngliche, und auch der heutige Grundriß ist wegen der wiederholten Umbauten wenig aussagefähig, aber immerhin ist zu erkennen, daß das Obergeschoß einen großen ungeteilten „Saal" besessen haben muß und daß auch die Lage der Kamine am Nordgiebel und die jetzige Anordnung der Treppen der ursprünglichen Situation entsprechen (Abb. 3, siehe Seite 14 und 15).

Nicht nur Inschrift und Datierung, sondern auch die oben dargestellten Befunde machen das kleine Gebäude in Stapelmoor zu einem der wichtigsten Steinhäuser in Ostfriesland und den Ommelanden und zu einem Geschichtsdenkmal von Rang – eine Tatsache, die eine Wiederherstellung des Äußeren in der ursprünglichen Form rechtfertigen würde.

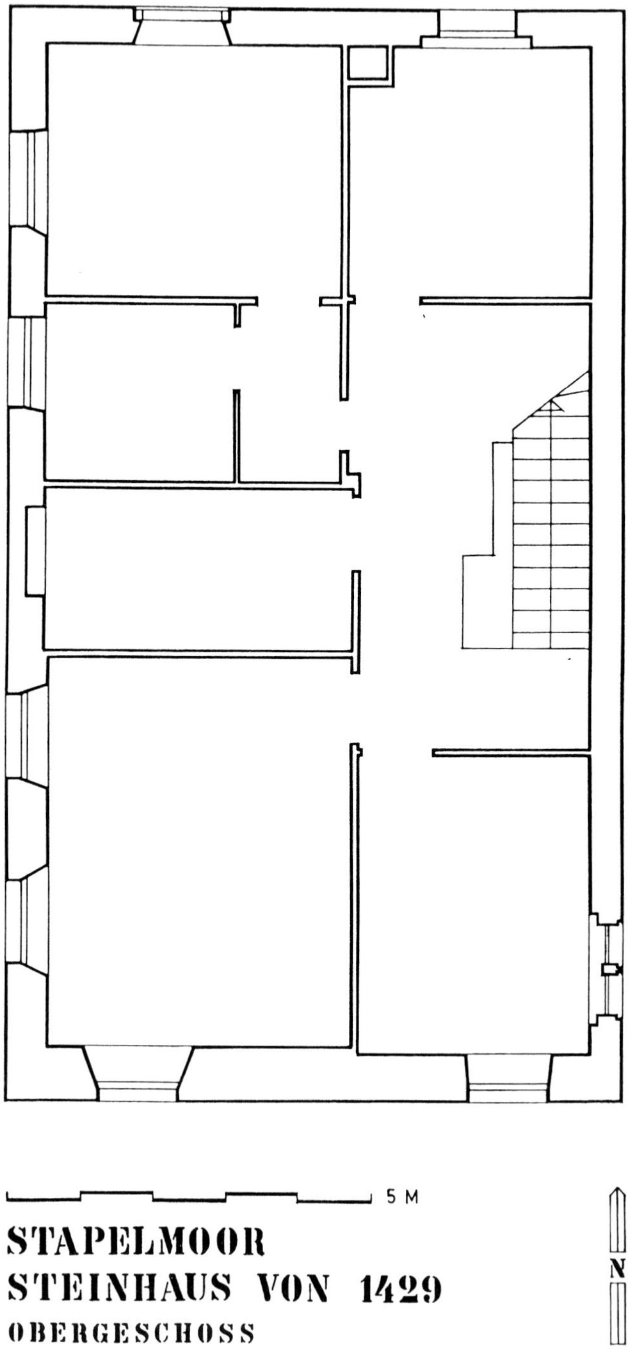

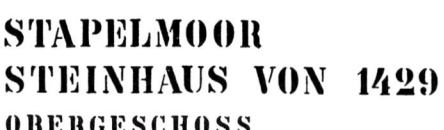

STAPELMOOR
STEINHAUS VON 1429
OBERGESCHOSS

5 M

N

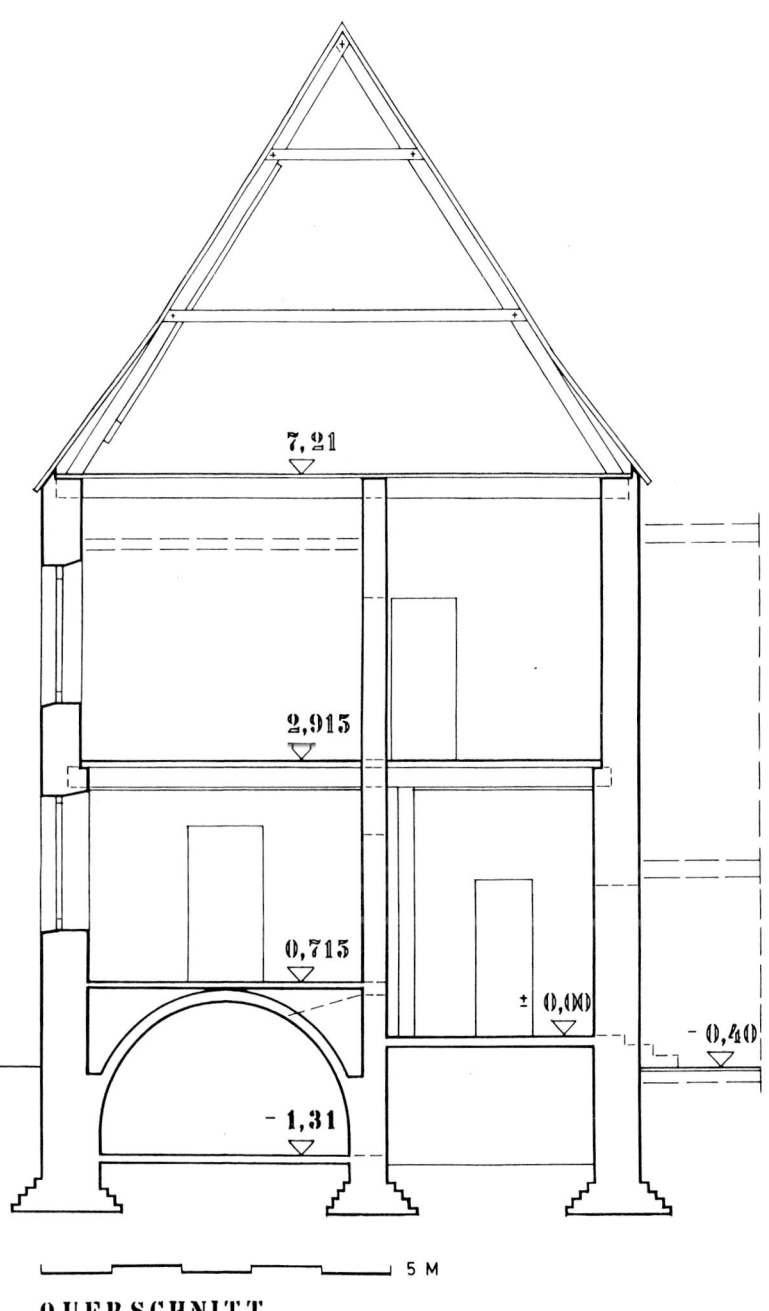

7,21

2,915

0,715

± 0,00

- 0,40

- 1,31

5 M

QUERSCHNITT

Das Renaissancehaus um 1600

Von den um die Wende zum 17. Jahrhundert entstandenen Wohnhäusern der Renaissance hat sich ein bezeichnendes Beispiel am Marktplatz in Norden erhalten, das Haus Am Markt 12 (Abb. 4 links). Das zweigeschossige, giebelständige Gebäude besteht aus Ziegelmauerwerk, das in Höhe der Fensterbrüstungen und des Hahnenbalkens durch schmale, horizontale Sandsteingesimse mit Wasserschlägen gegliedert ist, auch die Keilsteine der Rundbögen und die Fensterstürze im Erdgeschoß sind aus Sandstein gefertigt. Die jetzt vorhandenen Öffnungen der Fassade muß man sich durch sogenannte Kreuzstockfenster, die durch schlanke Sandsteinprofile vertikal und horizontal unterteilt waren, geschlossen denken. Die Zwillingsbögen über den Fensterstürzen bezeichnen noch heute die ursprüngliche Lage des zentralen Mittelpfeilers. Derartige Kreuzstockfenster mit Entlastungsbögen, wie sie mit Ziegelpfeilern auch am Steinhaus in Stapelmoor zu finden sind (Abb. 2), stellen eine Weiterentwicklung konstruktiver Besonderheiten des späten Mittelalters dar und bestätigen die obige Datierung.

Als nachmittelalterlich ist dagegen die Gestaltung des Giebels durch Viertelkreise und kleine quadratische Pfeilerendigungen, die unmittelbar auf den unterschnittenen Sandsteingesimsen aufsitzen, anzusprechen. Diese Pfeiler sind als eine Reminiszenz an die bei Sakralbauten der Gotik üblichen Fialen zu deuten, wogegen Halbkreise und Viertelkreise an Giebel und Fensteröffnungen als vereinfachte Architekturzitate der Renaissance, die Motive wie Muschel und Volute bevorzugte, anzusehen sind.

Die Fassade wurde im Jahr 1971 durch den Eigentümer von ihrem entstellenden Verputz befreit und unter Verwendung von Handstrichziegeln in der jetzt bestehenden Form erneuert. Bemerkenswert ist die Rückseite des Hauses, die wir hier nicht wiedergeben, die aber von der Seitenstraße einzusehen ist. Sie besitzt noch originale Fensteröffnungen mit Zwillingsbögen, die nachträglich zugemauert wurden, und mit ursprünglichen Sandsteinprofilen. Diese Hoffassade, die sich mühelos zeichnerisch rekonstruieren läßt, stellt in ihrer weitgehend originalen Gliede-

Abb. 4: Norden, Am Markt 12 und 13

16

rung ein getreues Spiegelbild der Hauptschauseite am Markt, deren Fenster im 18. und 19. Jahrhundert verändert wurden, dar.

Das Nachbarhaus, Am Markt 13, das durch ein großes Schaufenster, durch kleinere Fenster in den Obergeschossen sowie durch einen Verputz entstellt wurde, entsprach in seiner ursprünglichen Gliederung und Erscheinung fast wörtlich seinem Nachbarn. Alte Abbildungen bestätigen dies, sie zeigen, daß beide Häuser, die nur eine Breite von 5,40 bzw. 4,70 Meter im Lichten besitzen, im Erdgeschoß keine Schaufenster, sondern, analog zum Obergeschoß, zwei Einzelfenster und eine Haustür aufwiesen. Die Gepflogenheit, kreisförmige Öffnungen im Giebel durch Porzellanteller zu schmücken, ist in der obersten Giebelstaffel dieser Häuser – als den einzigen erhaltenen Beispielen in Ostfriesland – dokumentiert.

Das in den sechziger Jahren zugunsten eines Parkplatzes abgerissene Haus Am Markt 14, das mit seinen beiden Nachbarn ein für die Stadt einzigartiges Ensemble bildete, konnte glücklicherweise im Jahre 1991 in originalgetreuer Form wiedererrichtet werden, wie unser Foto unten zeigt.

Das große Giebelhaus des 17. Jahrhunderts

Das mehrgeschossige Giebelhaus der Renaissance war bis zum Jahre 1944 für den Stadtkern von Emden stadtbildprägend.

Wir zeigen als einziges erhaltenes Beispiel hierfür das Haus Pelzerstraße 12, dessen Erdgeschoß allerdings bereits im 18. Jahrhundert verändert und dessen Inneres 1985 zu einer Gaststätte umgebaut wurde (Abb. 5, siehe Seite 21). Der Giebel besitzt den für das Emder Bürgerhaus um 1600 charakteristischen Aufbau und weist bei einer Breite von vier Fensterachsen sechs Geschosse von sehr unterschiedlicher Höhe auf. In seiner äußeren Erscheinung ist er durch den Ziegel und den Sandstein unübersehbar lokal geprägt und zugleich in eine nordwesteuropäische Tradition eingebunden: Es sind dies die Materialien, aus denen an Nord- und Ostsee, zwischen Amsterdam und Danzig, seit dem 16. Jahrhundert alle großen Bürgerhäuser und Speicherbauten errichtet wurden.

Die Fassade von Pelzerstraße 12 ist entsprechend durch breite Werksteingesimse mit vortretenden Wasserschlägen horizontal gegliedert; Boden und Speichergeschosse, die nicht Wohn- und Geschäftszwecken dienten, sind durch kleinere Öffnungen kenntlich gemacht. Deren Zwillingsfenster mit den schlanken Mittelpfeilern und den Entlastungsbögen darüber, die in ihrem Rhythmus den statisch folgerichtigen Aufbau des Giebels kennzeichnen, entsprechen im wesentlichen denen der zuvor besprochenen Häuser am Markt in Norden. Sie sind, wie die gesamte obere Hälfte der Fassade, mehr oder weniger unverändert auf uns gekommen. Dagegen hat man sich die großen Fensteröffnungen des ersten Obergeschosses, die jetzt achtteilige Kämpferfenster aufweisen, ursprünglich niedriger und mit einem Fensterkreuz aus Werkstein vorzustellen, in das die Fälze für Fensterflügel und Holzläden eingearbeitet waren. Die jetzt vorhandenen, modernen Blendrahmenfenster in Erd- und Obergeschoß sind, wie die weißen verputzten Gewände, mit einer authentischen Renaissancefassade nicht zu vereinen, sie stellen einen denkmalpflegerischen Kompromiß und eine Konzession an die neue Nutzung dar.

Die in einer unteren Volute endenden, konkav-konvex schwingenden Ortgangprofile aus Werkstein und der durch Diamantquadern gefaßte Giebelaufsatz in Form einer Pilgermuschel sind für Emder Bürgerhäuser des 17. Jahrhunderts charakteristisch.

Als Spitze dieser Bekrönung hat man sich vielleicht einen kannelierten Pfeiler mit einer Wetterfahne vorzustellen, wie er an dem etwa gleichzeitigen Gebäude Brauersgraben 2 bestand, gleichwohl kann auch die jetzige Form die ursprüngliche gewesen sein, wie das im Krieg zerstörte eindrucksvolle Ensemble dreier gleichartiger Giebel an der Südseite des Neuen Marktes illustriert.[4] Die außen sichtbaren eisernen Ankersplinte kennzeichnen nicht nur die Lage der Deckenbalken und die Höhe der Geschosse, die in der Diele über vier Meter betragen konnte, sie stabilisieren auch das freistehende Mauerwerk des oberen Giebeldreiecks und verbinden es mit der dahinter befindlichen Dachkonstruktion.

Die Fassade des Hauses wurde im Jahre 1909 beim Wiederaufbau des linken Nachbargebäudes, Pelzerstraße 11, um die Breite des rechts oben sichtbaren Traufpilasters beschnitten, eine Maßnahme, die die Gesamtwirkung nicht wesentlich beeinträchtigte. Als einem von zwei verbliebenen großen Renaissancegiebeln kommt dem obigen neben dem des Hauses Schöningh in Norden – nicht nur für die Stadt Emden, sondern für ganz Ostfriesland – exemplarische Bedeutung zu.

Abb. 5: Emden, Pelzerstraße 12

Das Packhaus des 17. Jahrhunderts

Das große giebelständige Packhaus gehört zu den Haustypen, die in der einschlägigen baugeschichtlichen Literatur bisher kaum Beachtung oder gar eine eigene Darstellung erfahren haben.[5] Mit gutem Grund zählen wir das Packhaus in unserer Übersicht zu den Bürgerhäusern: Es wurde, wie diese, durch private Bauherren, wie Kaufleute, Schiffseigner und Spediteure, oder im Auftrag der Stadt errichtet, wie die sogenannte Stadthalle in Emden.

Wir stellen hier zwei Beispiele aus Emden vor, die nach Form, Größe und Situation zu den eindrucksvollsten in Ostfriesland gehörten: die beiden Packhäuser am südlichen Ende der Westerbutvenne hatten nicht nur unmittelbaren Anschluß an die Ems und damit an die offene See, sie bildeten – gemeinsam mit dem sogenannten Kommerzien-Magazin – den Auftakt zum städtebaulich schönsten Freiraum der Stadt, dem Ratsdelft, der auf beiden Seiten von Giebelhäusern gesäumt war und der im grandiosen Rathaus seinen Höhepunkt erlangte (Abb. 6). Sie waren als reine Lagerhäuser errichtet und enthielten, nach Ausweis der Fassaden, keinerlei Wohnräume oder Kontore, und daraus resultierte ihre einfache Form. Sie repräsentierten den Typus des Packhauses in seiner reinsten Gestalt, so wie er sich – nach den Anfängen um 1500 – im 17. Jahrhundert in Amsterdam und Antwerpen entwickelt hatte und in seinen schönsten Beispielen auf die nur notwendigen elementaren Bestandteile reduziert worden war. Diese Fassaden stellen sich nicht selbst dar, im Sinne etwa des üppigen Renaissancegiebels am zerstörten Kornhaus in Bremen, in ihrer elementaren Funktionalität genügen sie sich selbst.

Äußeres Merkmal dieser Architektur ist die durchgehende vertikale Reihe der zentralen Lukentüren, die zu beiden Seiten von einfach oder paarig angeordneten Öffnungen begleitet werden. Diese Öffnungen enthielten in der Regel keine Fenster, sondern waren durch innen angeschlagene hölzerne Läden geschlossen und wurden nur bei Bedarf geöffnet. Die Giebelspitze des Packhauses trug unter einem kleinen kupfergedeckten Walmdach den in Mauerwerk und Dachkonstruktion verankerten Kragbalken, der die Rolle enthielt, über die das Seil zum Hochziehen der Säcke und Kisten geführt wurde. Nicht alle Packhäuser besaßen einen solchen Außenaufzug, es gab auch kleinere Häuser mit einer innenliegenden Haspelwinde, die sich im obersten Speicherboden befand und die über ein Endlosseil, das durch die Decken geführt war, von allen Geschossen aus bedient werden konnte.

Die Höhe der einzelnen Speicherböden ist an den Fassaden abzulesen, sie war oben geringer als im Erd- und ersten Obergeschoß, und die in der Abbildung sichtbare Tür des rechten Gebäudes war breit genug für Fuhrwerke aller Art. Das Mauerwerk bestand bis in Höhe der Traufe aus Ziegeln im Wechsel mit Natursteinbändern, und nur unter den Fenstern des ersten Obergeschosses war die sonst schmucklose Fassade durch ein einfaches Gesims mit Wasserschlag gegliedert. Die beiden Häuser waren bis 1945 im Besitz der Firmen Joh. Frerks, links, und Y. & B. Brons, rechts, und sie wurden, wie das benachbarte Kommerzien-Magazin von 1752, im Jahr 1944 ein Opfer des Bombenkrieges. Damit verlor Emden ein unverwechselbares, monumentales Ensemble, das in der Stadt nicht seinesgleichen hatte.

Das eingeschossige Giebelhaus des 18. Jahrhunderts

Dieser Haustyp ist durch charakteristische Beispiele in mehreren kleineren Orten Ostfrieslands vertreten, und zwar in einer Breite von zumeist drei oder vier Fensterachsen, er tritt aber mehrfach auch in den Städten Leer und Emden auf.

Das Haus Norderstraße 56 in Weener präsentiert sich dem Betrachter mit einem anmutig geschwungenen Giebel, dessen konkaver Ortgang üppigen Blatt- und Blütenschmuck trägt und dessen Spitze von einem flachgeneigten Dreieck mit Deckelvase bekrönt wird (Abb. 7). In unserer Schrägaufnahme wird jedoch deutlich, wie sehr die Schaufassade auf Repräsentation bedacht ist und wie wenig sie der elementaren Form des Baukörpers und dem Satteldach dahinter entspricht.

Der durch Eisenstangen verankerte, reich profilierte Giebelaufsatz mit der Vase und die hochgezogene Traufstaffel mit Voluten und Pflanzendekor entsprechen in Wahrheit nicht der Höhe von First und Traufe, hier ist die Fassade zum Schauobjekt geworden, und das Haus stellt sich in barocker Repräsentationslust größer dar, als es in Wirklichkeit ist.

Das obere Giebeldreieck besitzt einen ornamentierten Ankersplint und darunter eine aus Werkstein gefertigte, ovale Fensteröffnung in einem rechteckigen Rahmen, ein sogenanntes Ochsenauge, das als Motiv der Schloßarchitektur des 18. Jahrhunderts entstammt. Die unpassenden modernen Flacheisenanker, die durch Schraubenbolzen mit den Dach- und Deckenbalken des Hauses verbunden sind, stellen offensichtlich eine spätere konstruktive Ergänzung dar und sind mit dem Stil der Fassade unvereinbar. Der Giebel läßt sich aufgrund des bauplastischen Schmucks und des Ankerornaments in das erste Viertel des 18. Jahrhunderts datieren.

Ein Inschriftstein, der am rückwärtigen Lagerhaus wiedereingebaut wurde und mit dem Straßengiebel in Zusammenhang gebracht wird, enthält in seinem umfänglichen philosophierenden Text die Namen „Fekko Griese" und „Susanne Hesse" sowie die

Abb. 7: Weener, Norderstraße 56

Jahreszahl 1719. Seit dem 18. Jahrhundert ist das Haus im Besitz der Familie Hesse, die hier Pferdehandel und später den Verkauf von Baumaterialien betrieb.[6] Die jetzige Haustür und die architravierten Fensterbekleidungen wurden wohl um 1825 im Stil des Klassizismus erneuert, und das Ziegelmauerwerk erhielt den ursprünglich nicht vorhandenen Verputz. Aus derselben Zeit dürften die sechsteiligen Blendrahmenfenster stammen, die man sich durch Zargenfenster mit Schiebeflügeln und enger Sprossenteilung ersetzt denken muß.

Ein entsprechendes, ebenfalls vier Achsen breites Haus an der Brückstraße in Wittmund stellt sich in seiner bauplastischen Ausstattung bescheidener, aber insgesamt nicht weniger zeittypisch dar als das oben besprochene in Weener (Abb. 8). Ein Vergleich der beiden Fassaden ist reizvoll, weil er den Wandel der Auffassung innerhalb eines Zeitraums von etwa einem halben Jahrhundert verdeutlicht.

An die Stelle des mit üppigem Werksteinornament verkleideten, konkav geschwungenen Giebels ist in Wittmund die elegantere, glockenförmige Umrißlinie getreten, und statt des Dreiecks mit der Vase bildet hier eine Wappentafel mit zwei Kartuschen den oberen Abschluß. Der Ortgang ist auf höchst sparsame, aber dauerhafte Art mit einer Rollschicht gegen Wind und Wetter gesichert und die Verwendung von Naturstein auf die beiden Traufkonsolen mit der Jahreszahl 1777 beschränkt.

Die schöne, geschnitzte Haustür mit ihrem geschwungenen Kämpfer und der Rocaille erinnert gleichwohl daran, daß es sich hier um ein Wohnhaus des Rokoko, wenn auch seiner letzten Phase, handelt, und die aus Holz gefertigte, geschnitzte Giebelbekrönung liefert durch ihre Wappen, die an drei Stangen hochrankende Hopfenpflanzen darstellen, einen Hinweis auf die Familie Hoppe, die einst hier ansässig war. Das Haus wurde im Jahr 1984 im Zusammenhang mit der Planung des Fußgängerbereichs in Wittmund auf vorbildliche Weise wiederhergestellt und beherbergt heute eine Buchhandlung.

Abb. 8: Wittmund, Brückstraße 1

dung mit dem leuchtenden Rot des Mauerwerks verleihen ihm sein barockes Gepräge. Die großzügige, zweiläufige Eingangstreppe mit zentralem Podest, die reich profilierte, aufgedoppelte Haustür und der konsolartig auskragende geschwungene Balkon mit dem ovalen Oberlicht erscheinen dabei gleichsam als absolutistische Merkmale, in denen, wie in seinen fürstlichen Vorbildern, die Symmetrie des Hauses zum obersten Prinzip erhoben ist. Diese Architektur verdeutlicht Anspruch und Selbstbewußtsein des bürgerlichen Bauherrn, des Auricher Kammerrats und Hofarchitekten Anton Heinrich Horst, der das Gebäude gegen 1743 errichten ließ. Roter Ziegel und weißgestrichene Holzteile vereinen sich mit den naturfarbenen Sandsteingirlanden zu einem Gesamteindruck, den man am ehesten mit den Worten repräsentativ und festlich charakterisieren kann. Im Jahr 1913 erwarb es dann der Anwalt und Notar Wilhelm Knodt, unter dessen Namen es in die örtliche Baugeschichte einging.

Das Gebäude, das durch Heinz Ramm 1974 eine ausführliche Darstellung und Würdigung erfuhr, wurde im selben Jahre vom Landkreis Aurich gekauft und anschließend in ursprünglicher Form wiederhergestellt.[7] Dabei büßte leider das Dach seine roten Hohlziegel ein, es wurde in dunklen Zementpfannen eingedeckt. Besonders wichtig für eine authentische Restaurierung war die Entfernung des grauen Außenputzes, der wohl als Konzession an die Mode des 19. Jahrhunderts und im Zuge einer klassizistischen Vereinheitlichung des Marktplatzes aufgebracht worden war, wovon ein Stahlstich aus der Zeit um 1860 Zeugnis ablegt.[8]

Neben stuckierten Deckenplafonds des 18. Jahrhunderts enthält das Gebäude in einem auf der Hofseite liegenden quadratischen Raum einen eleganten dreigeschossigen Fayenceofen, der vor 1780 entstanden sein dürfte. Er besteht aus einem gußeisernen Feuerkasten, auf dem sich eine quadratische Plinthe mit profiliertem Sockel erhebt, die oben einen kannelierten Säulenstumpf mit Girlanden und Deckelvase trägt.

Der früher sehr viel stilvollere und heute weitgehend durch uncharakteristische Bauten geprägte Markt wäre ohne das Knodtsche Haus um ein prachtvolles Stück Architektur ärmer und die Stadt Aurich eines wichtigen Baudenkmals beraubt, wenn das Gebäude nicht dank der vereinten Bemühungen von Landkreis und Bürgeraktion im Jahre 1974 erhalten geblieben wäre.

Das klassizistische
Walmdachhaus nach 1750

Innerhalb der giebelständigen Bebauung, die noch im gesamten 18. Jahrhundert in den meisten Städten eine unangefochtene Vorrangstellung behaupten konnte, erscheinen ab 1750 zunehmend traufständige Häuser mit Walmdächern. An der Kranstraße in Emden läßt sich die Vorherrschaft des Giebelhauses bis heute nachweisen.

Gegen 1850 hat das Walmdachhaus in einigen Orten, etwa am Marktplatz in Aurich, die giebelständige Bebauung nahezu verdrängt, wie sich anhand einer Lithographie aus der ersten Hälfte des 19. Jahrhunderts belegen läßt. Daß das Walmdach in exponierter Lage und für wichtige Gebäude schon viel früher bevorzugt wurde, beweisen das Rathaus in Emden aus dem 16. und die Stadtwaagen in Emden und Leer aus dem 17. und 18. Jahrhundert.

Dafür kann auch die Schwanen-Apotheke an der Osterstraße/ Ecke Marktplatz in Norden aus dem Ende des 18. Jahrhunderts als ein bezeichnendes Beispiel herangezogen werden (Abb. 11, siehe nächste Seite). Das Gebäude erzielt seine städtebaulich-architektonische Wirkung in erster Linie durch seine bevorzugte Lage an der Einmündung der Straße in den weiträumigen Platz, dann aber auch durch das Gestaltungsmittel des gleichmäßigen Fenster-Pfeiler-Rhythmus und nicht zuletzt durch das mächtige Walmdach mit dem großen Zwerchgiebel an der Osterstraße.[9]

Die für den Klassizismus verbindliche Axialität, die immer eine ungerade Fensteranzahl bedingt, erfährt in dem großen Dreiecksgiebel mit dem Halbkreisfenster und den radialen Sprossen ihre Entsprechung. Das Haus bedarf bei solcher Zurschaustellung nicht des im Barock üblichen Risalits, um die Bedeutung des Eingangs hervorzuheben, sondern beläßt den Giebel in der Flucht des aufgehenden Mauerwerks.

Eine nähere Betrachtung der Seitenfassade zum Markt zeigt größere Fensterhöhen und eine andere konstruktive Behandlung

Abb. 11: Norden, Osterstraße 160

des Ziegelmauerwerks, ein Befund, der auf unterschiedliche Bauperioden schließen läßt. An dieser Seite fallen vor allem die beiden Dachgauben mit ihren seitlichen, laubsägeartig durchbrochenen Vorhangblenden auf.

Als zweites Beispiel, das die Verwendung des klassizistischen Walmdachhauses innerhalb einer geschlossenen, ursprünglich giebelständigen Bebauung illustriert, sei sodann das Gebäude Neue Straße 49 in Leer vorgestellt (Abb. 12). Es zeichnet sich durch ein profiliertes Hauptgesims, niederländisch „Kroonlijst" genannt, sowie durch vier geschnitzte Konsolen und eine klassizistische Haustür mit geschwungenem Kämpfer und Sprossenoberlicht aus. Die Schiebefenster in Blockrahmen entsprechen mit weißem Anstrich und profilierter Bekleidung der alten Fensterstruktur, nicht dagegen die erneuerten Fensterbänke. Auch die

Abb. 12: Leer, Neue Straße 49

Dachgaube mit den seitlichen, ohrenförmigen Holzblenden wurde leider allzu summarisch modernisiert, das ursprüngliche Sprossenfenster nicht erneuert.

Dieser Haustyp, das Walmdachhaus zu zwei Geschossen und drei Achsen mit außermittigem Eingang, hat sich aus dem 19. Jahrhundert in Leer insbesondere in der Neuen Straße mehrfach erhalten, es gab ihn vor den Zerstörungen des letzten Krieges auch in Emden in stilvollen Exemplaren, so am Delft, am Neuen Markt und am Alten Bollwerk. Auch das Haus der „Kunst" an der Großen Straße mit seinem schönen Sandsteinportal, das, gegen Ende des 18. Jahrhunderts erbaut, zweieinhalb Geschosse und sechs Achsen aufwies, gehört mit seinem Walmdach in diesen Zusammenhang.[10] Es wurde, wie die gesamte Straße, ebenfalls 1944 ein Opfer des Bombenkrieges.

Gast- und Armenhäuser

Das Gast- oder Armenhaus, das heute zumeist in kirchlicher oder kommunaler Trägerschaft geführt wird, darf in unserer Übersicht der bürgerlichen Architektur Ostfrieslands nicht fehlen, es verdankt seine Entstehung durchweg kollektiven, karitativen Institutionen und wurde vom Bürgertum finanziert, zudem findet es sich nur in den Städten, nicht auf dem platten Land.

Wir stellen ein bekanntes Beispiel aus Leer vor, das heute als Jugendherberge genutzt wird (Abb. 13). Die dreiflügelige Anlage an der Süderkreuzstraße 7 besitzt einen U-förmigen Grundriß und öffnet sich mit dem Hof zur Straße. Die schmucklose, durch Pilaster gegliederte Fassade ist nur in der Mitte durch einen schlanken, zweigeschossigen Glockengiebel mit geschwungener Bekrönung und Traufvoluten aus Sandstein betont. Der leicht vorspringende Eingangsrisalit weist einen Rundbogen auf, durch den der Besucher die Diele und die anschließenden Mittelflure erreicht, die zu den Wohn- und Wirtschaftsräumen führen. Die Dachdeckung besteht, wie an der Küste und im Hinterland üblich, aus roten Hohlpfannen.

Das Gebäude wurde als Lutherisches Gasthaus 1788/89 errichtet und war seit 1900 nacheinander städtisches Armenhaus, Wohlfahrtsheim und städtisches Altersheim. 1982 wurde der gesamte Komplex restauriert und wird seitdem als Jugendherberge genutzt. Eine lithographierte Postkarte aus dem Jahr 1923 (Abb. 14), die wir hier zum Vergleich wiedergeben, zeigt den Zustand, wie er bis zum Zweiten Weltkrieg überliefert war: mit geometrisch gestutzten geleiteten Linden, die sich über der Einfahrt zu einem scheitrechten „Bogen" zusammenschlossen, sowie mit einem weißen Staketenzaun und mit getrennten Toren für Fußgänger und Fahrzeuge zwischen hohen weißen Holzpfeilern. Im Interesse denkmalpflegerischer Authentizität wäre die Wiederherstellung dieses ursprünglichen Zustandes wünschenswert, sie ließe sich ohne Schwierigkeiten auch in fernerer Zukunft noch realisieren, bedingt jedoch wegen der zu beschneidenden Linden einen höheren gärtnerischen Aufwand.

Abb. 13: Leer, Gasthaus Süderkreuzstraße

Abb. 14: Leer, Gasthaus Süderkreuzstraße (1923)

Ein zweites Beispiel, das Gast- und Armenhaus in Weener, ist dem von Leer in Grundriß und äußerer Form verwandt (Abb. 15). In der Giebelbekrönung etwas einfacher, zeichnet es sich durch einen rundbogigen Eingang mit einer typischen Blockzargentür, mit Oberlicht und schmalen Seitenfenstern, aus. Ähnlich wie in Leer ist hier das Mauerwerk durch flache Pilaster gegliedert, und die beiden Steilgiebel an der Straße weisen an der Giebelschräge einen Ortgang aus holländischen Dreiecken und an der Traufe ornamentale Konsolen aus Sandstein auf. Das stattliche Gebäude wurde 1791 errichtet, wie eine Inschrifttafel ausweist, und dient seit über zwei Jahrzehnten als Heimatmuseum. Wegen seiner grundsätzlichen Bedeutung geben wir den Inschrifttext, der bezeichnenderweise in niederländischer Sprache abgefaßt ist, hier in vollem Wortlaut wieder:

ANNO 1791 IS DIT ARM GAST HUIS
UIT DE LIEFDE GIFTEN DER
INTERESSENTEN GEBOUWT
ONDER HET BESTIER VAN
15 DIRECTEUREN.

Wie die Institutionen selbst, so gehen auch Grundrißanordnung und Architektur der Gasthäuser auf die Niederlande zurück, wenngleich es dort, wie in Groningen, auch Beispiele gibt, die einen geschlossenen quadratischen Hof besitzen und von der Straße durch ein Portal zu erreichen sind.

Abb. 15: Weener, Gasthaus Neue Straße

Das Inselhaus um 1790

Das typische Haus der Ostfriesischen Inseln folgt in seiner äußeren Form in der Regel dem Bauernhaus des Küstengebietes, dem friesischen Gulfhaus. Der Begriff Gulfhaus bezeichnet ein Wohn- und Wirtschaftsgebäude, dessen wichtigstes konstruktives und funktionales Merkmal der große ebenerdige Lagerraum für Erntevorräte mit einer Ständerkonstruktion über nahezu quadratischem Grundriß ist. Den Ursprung des sogenannten Gulfs vermutet die Hausforschung neuerdings in den mittelalterlichen Kloster- und Zehntscheunen Westeuropas. Eine inzwischen überholte Theorie führte den Gulf auf den Vierrutenberg zurück, eine allseitig offene, quadratische Erntescheune mit einem höhenverstellbaren Zeltdach, wie sie schon aus dem siebzehnten Jahrhundert in Rembrandts Zeichnungen und Radierungen überliefert ist.

Authentische Gulfhäuser, die in ihrer Trennung von Wohn- und Wirtschaftsteil dem Vorbild der großen Bauernhäuser des Festlandes folgen, haben sich auf den Inseln nur in geringer Zahl erhalten, was nicht zuletzt auf die Modernisierungen und wirtschaftlichen Pressionen im Gefolge des Massentourismus zurückzuführen ist. Unser Beispiel, das Haus Nr. 25 auf Baltrum, dürfte aus dem Ende des 18. Jahrhunderts stammen (Abb. 16). Es scheint, daß dieser Haustyp, der in seiner einfachsten Form an der Schmalseite einen Giebel mit Schornstein und an der gegenüberliegenden einen Walm aufweist, seine Eignung für die Inseln einer besonderen Form verdankt: mit seinen niedrigen Seitenwänden und dem weit heruntergezogenen Dach konnte dieses Haus dem Schlagregen und den Stürmen besser Widerstand leisten. In dem hier vorgestellten Beispiel ist die abgeschleppte, große Dachfläche denn auch folgerichtig zur Regenseite, nach Südwesten, orientiert, wie unser Grundriß ausweist. Nicht alle Inselhäuser wurden aus Ziegeln errichtet: Zeichnung und Foto lassen erkennen, daß die Ostwand hier noch zum Teil aus dicken Bohlen besteht (Abb. 16 und 17).

Dieser Befund wird bestätigt durch einen Satz aus der „Landesbeschreibung des Harlingerlandes" aus dem Jahr 1684 von Balthasar Arends, der unter anderem schreibt: „. . . die Wohnhäuser stehen gemeiniglich soweit voneinander, daß ein jeglicher zur Bequemlichkeit seiner Haushaltung seine Ländereien um und um

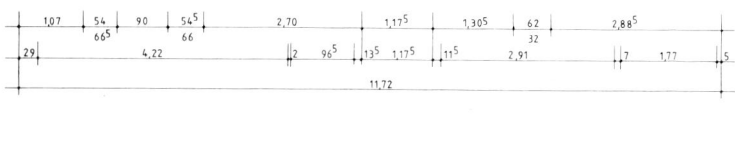

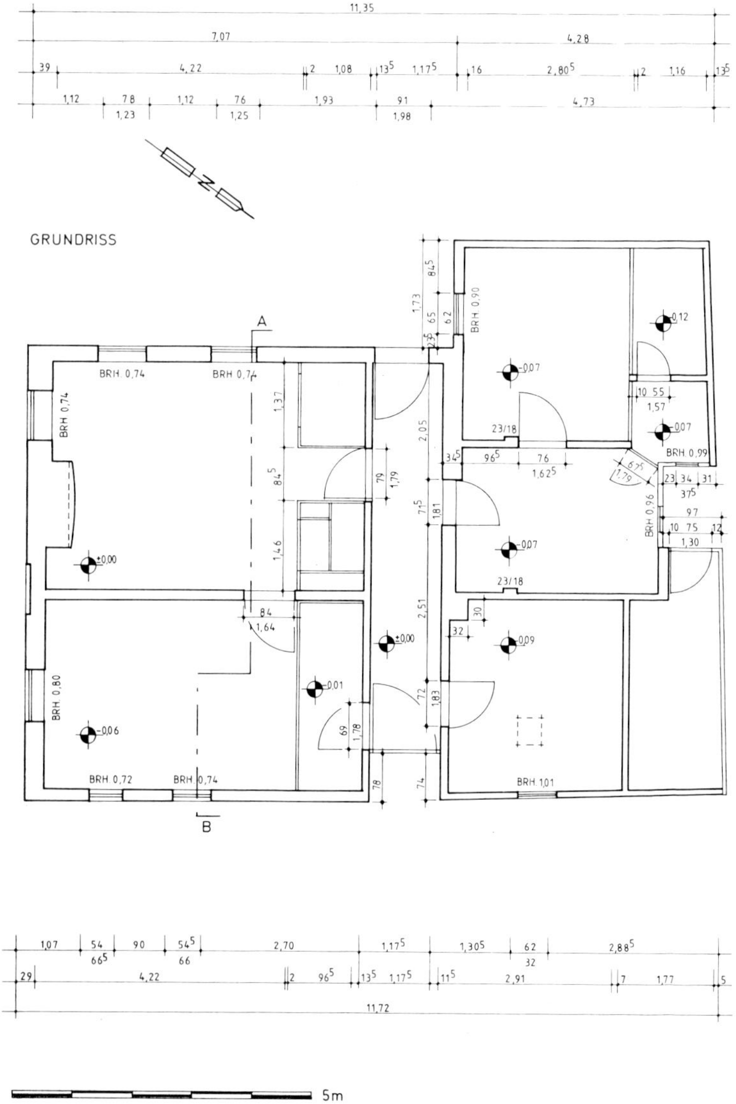

Abb. 17: Inselhaus auf Baltrum: Grundriß

Das zweigeschossige Giebelhaus um 1800

Dieser Typus ist heute in nennenswerten Beispielen nur noch in den südwestlich des Falderndelfts gelegenen Straßen von Emden, die das Bombardement des Jahres 1944 besser überstanden haben als der Stadtkern, sowie in Leer und Esens überliefert. Er ist in Norddeutschland seit dem Mittelalter zum gebräuchlichsten Haustyp des Stadtkerns und der älteren Vorstädte geworden, nicht zuletzt wegen seiner geringen Grundstücksbreite, die in der Regel nicht mehr als sechs Meter betrug.

Das auf der nächsten Seite abgebildete Haus Kranstraße 63 in Emden stellt mit seinen drei Fensterachsen und der links angeordneten Tür einen bezeichnenden Vertreter dieser verbreiteten Gattung dar (Abb. 18 Mitte). Im Erdgeschoß ergibt sich an der Straße neben dem Eingang, der einen langen Flur erschließt, ein Raum zu zwei Fenstern, hinter dem häufig die zum Obergeschoß führende gewendelte Treppe liegt. Im Obergeschoß befinden sich infolge der vorhandenen geringen Grundstücksbreite an Straßen- und Hofgiebel zwei entsprechende dreifenstrige Räume mit guter Belichtungsmöglichkeit. Das Dachgeschoß ist über die nach oben weitergeführte zentrale Treppe erreichbar und enthält in der Regel keine Wohn- und Schlafkammern, sondern nur Abstell- und Trockenräume, die ihr Licht durch ein kleineres Fenster in der Mitte des Giebels erhalten.

Die Fassade des hier wiedergegebenen Beispiels Kranstraße 63 verdeutlicht in ihrem Aufbau die vorstehende Beschreibung. Mit dem gestelzten glockenförmigen Umriß und der kleinen Empirevase scheint der Giebel aufgrund seiner äußeren Merkmale eher dem letzten Jahrzehnt des 18. als dem 19. Jahrhundert anzugehören. Er wurde jedoch erst im Jahre 1813 errichtet, wie das Datum in der halbrunden Giebelbekrönung ausweist. Seit der kürzlich abgeschlossenen Wiederherstellung präsentiert sich das Haus fast wieder wie zu seiner Entstehungszeit – mit dem Kragbalken für die Aufzugsrolle, den innen angeschlagenen Fenstern und den einfachen geschmiedeten Ankersplinten – nur die erneuerte Haustür erscheint ein wenig unstimmig.

Es ist zu hoffen, daß im Laufe der Zeit auch die Nachbarhäuser in der ursprünglichen Form wiederhergestellt werden, damit die charakteristische Vorstadtbebauung Emdens für das späte 18. und das beginnende 19. Jahrhundert wenigstens an dieser Stelle dokumentiert ist.

Das klassizistische Traufenhaus um 1800

Das zweigeschossige Traufenhaus mit Satteldach und seitlichen Brandmauern, wie es in unserem Beispiel Neuer Weg 92 in Norden überliefert ist, stellt nicht nur für diese Stadt, sondern für das gesamte Untersuchungsgebiet eine Ausnahme dar (Abb. 19, siehe nächste Seite). Aus eben diesem Grunde, aber auch wegen der in der Fassade sichtbaren spätpalladianischen Tendenzen und der formalen und baukonstruktiven Nähe zur niederländischen Architektur, sollte es in unserer Übersicht nicht fehlen.

Der stattliche Baukörper ist nach dem Vorbild Amsterdamer Grachtenhäuser durch ein Sockelgeschoß, dessen Fensterrhythmus dem der oberen Geschosse entspricht, gegenüber der Nachbarbebauung abgehoben und das Piano Nobile als Hauptwohnebene dem Straßenniveau gleichsam entrückt. Der Eingang liegt, wie bei fünfachsigen Wohnhäusern des Klassizismus üblich, auch hier zentral und ist durch eine architravierte Umrahmung sowie eine volutengestützte Verdachung betont. Er lag ursprünglich in der Höhe des Hauptgeschosses und wurde durch eine großzügige zweiläufige Freitreppe erschlossen, die vor einigen Jahren entfernt wurde, da sie den Fußgängerverkehr auf dem Bürgersteig stark beeinträchtigte. Die Umgestaltung erfolgte mit großer Behutsamkeit: Über zwei vorgelagerte Stufen erreicht man heute das Eingangsportal, wogegen die eigentliche Treppe in das Hausinnere verlegt wurde. Damit verschwand auch die charakteristische Lukenöffnung unter dem Eingangspodest, die der Beschickung des Kellers von der Straße aus gedient hatte und deren Vorhandensein durch ältere Fotografien zu belegen ist.[12]

Bei aller Zurückhaltung und formalen Disziplin, wie sie dem Klassizismus eigen, ist die Fassade durchaus nicht darauf angelegt, die gesellschaftliche Stellung und die Wohlhabenheit des Bauherrn zu kaschieren. Ihre Wirkung resultiert nicht zuletzt aus den dauerhaften und edlen Materialien, dem hartgebrannten dunklen Ziegel und dem grauen Werkstein der Quadern, die miteinander verzahnt und bündig vermauert sind, wie auch aus dem makellosen, festlichen Weiß der Fenster und des nach holländischem Vorbild gestalteten profilierten Hauptgesimses. Die scharfgeschnittenen Natursteinquadern der Ecken und das maßvolle, durch geschnitzte Konsolen getragene Gesims, das in dem gleich-hohen, knappen Sockel seine Entsprechung hat, zeichnen den Umriß des Gebäudes vor und verleihen ihm seine wohlfundierte, stattliche Erscheinung.

Wenn wir eingangs festgestellt hatten, daß das traufständige Haus in Ostfriesland eine Ausnahme bildet, so müssen wir diese Behauptung zum Schluß relativieren: Als freistehender Baukörper mit Satteldach und Giebelschornsteinen erscheint dieser Typus sowohl in den „archaischen" Steinhäusern von Stapelmoor und Nesse wie auch in dem folgenden Beispiel, einem Packhaus in Leer.

Das traufständige Packhaus
um 1825

Dienten die bisher vorgestellten Häuser vorwiegend dem Wohnen oder der Lagerung von Waren und Vorräten, so sind bei dem Gebäude Norderstraße 34 in Leer zwei Funktionen unter einem Dach vereint, die des Geschäfts- und des Packhauses (Abb. 20, siehe nächste Seite). Das mit der Traufe zur Norderstraße orientierte zweigeschossige Eckhaus ist schon durch sein anspruchsloses Äußeres, durch Ziegelformat und Mauertechnik mit einiger Sicherheit in das erste Viertel des 19. Jahrhunderts zu datieren, es wurde vor 1825 errichtet. Die einfache, funktional und konstruktiv bedingte Fassade mit ihrer ungeraden Fensteranzahl, in der die zentralen Lukentüren und der Zwerchgiebel eine monumentale Mittelachse bilden, weist außer den üblichen Sandsteinabschlüssen an Giebel und Ortgang keine Besonderheiten auf. Die geschwungene Bekrönung auf der Giebelstaffel trägt die Initialen G.S., was als Name des Bauherrn zu deuten ist.

Die unterschiedlichen Fenster- und Lukenöffnungen in Erd- und Obergeschoß liefern den Hinweis, daß es sich hier ursprünglich nicht um ein reines Packhaus, sondern um ein Geschäftshaus mit Kontor- und Lagerräumen gehandelt hat, um eine Mehrzwecknutzung also, wie sie im 19. Jahrhundert bei vielen Lagerhäusern und „Fabriken" der Küstenstädte und des Hinterlandes üblich war. Ein Beweis für die primäre Funktion als Packhaus sind auch der Außenaufzug und die noch vorhandene Haspelwinde im Dachboden, die über eine Rolle im Kragbalken den Transport der Güter in die oberen Geschosse ermöglichte. Die Winde, in unserer Schnittzeichnung erkennbar, war über ein Endlosseil von allen Geschossen zu bedienen. Das Kellergeschoß war lediglich über eine Außentreppe, die oben im Bürgersteig endet und durch Klappen geschlossen werden mußte, zu beschicken. Wohl zu Beginn unseres Jahrhunderts wurden die im Schnitt sichtbaren Unterzüge und Stützen aus Stahl eingezogen und auch die Schiebefenster durch sprossenlose mit Drehflügeln ersetzt. Das Erdgeschoß konnte so teilweise für Lagerzwecke genutzt werden, und im Obergeschoß erhielt man einen freien, durch keinerlei Einbauten verstellten durchgehenden Raum.

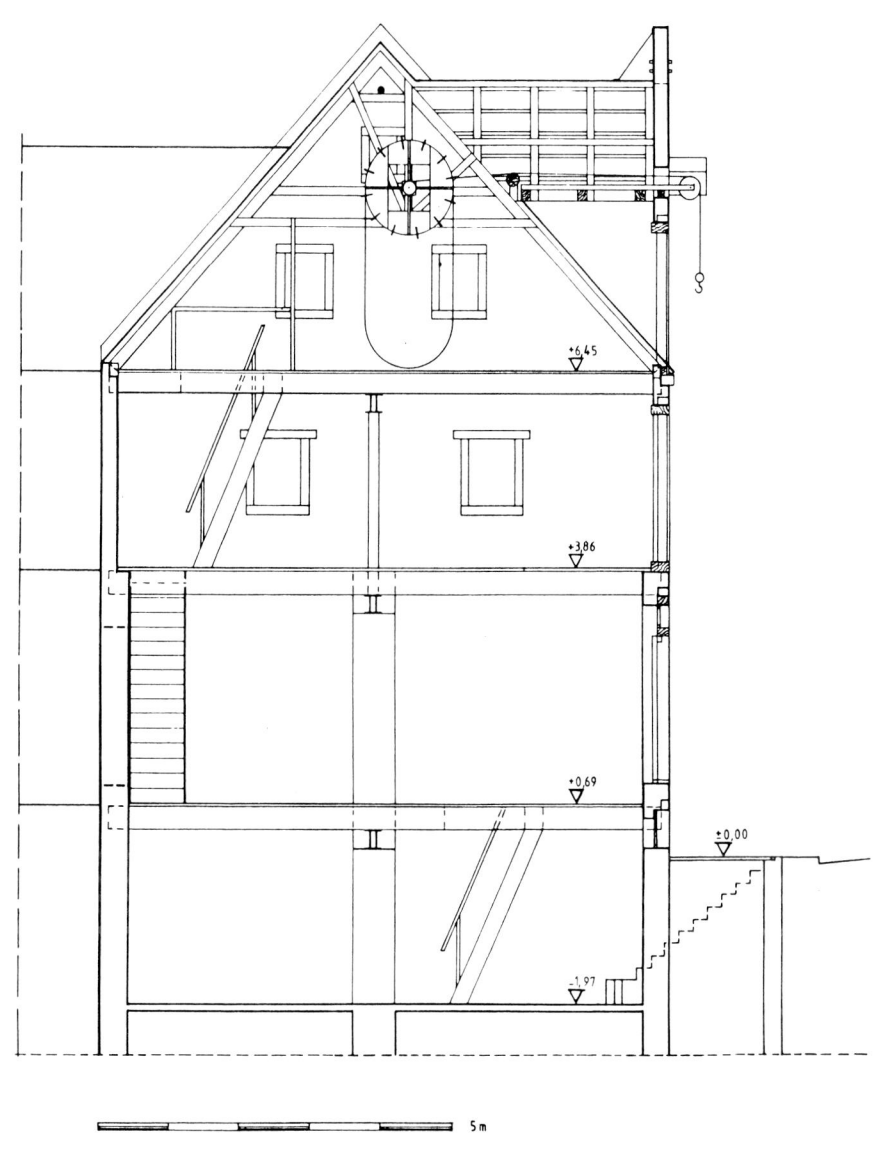

+6,45

+3,86

+0,69

±0,00

-1,97

5 m

L E E R   N O R D E R - S T R A S S E   N R.   3 4

Abb. 20: Leer, Norderstraße 34

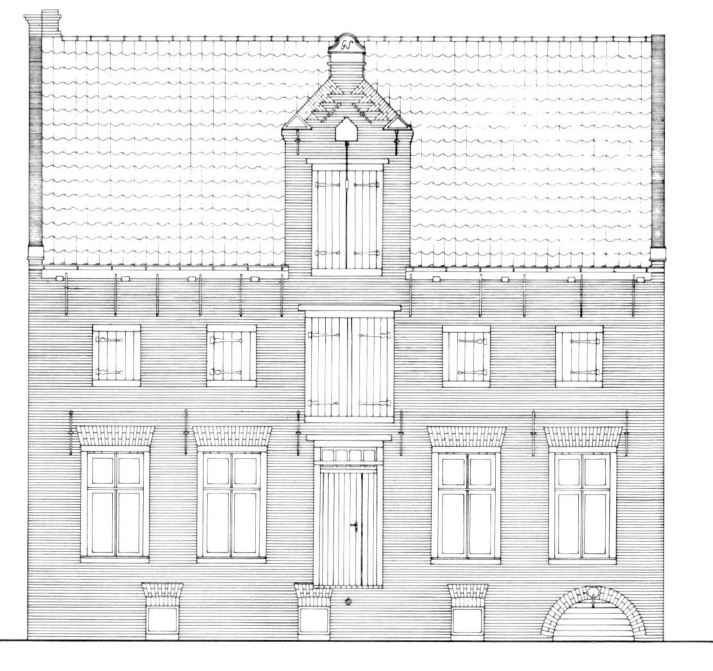

5 M

Das Packhaus Norderstraße 34, das wir als drittes Beispiel dieser Untersuchung in einer Bauaufnahme der Jahre 1979/80 (Abb. 21) *und* als Fotografie wiedergeben, war bis in die siebziger Jahre im Besitz der Papiergroßhandlung Helmers & Peters. Es wurde vor einigen Jahren auf vorbildliche Weise restauriert, wobei die Lukenöffnungen in den Obergeschossen ihre gegenwärtigen zusätzlichen Fenster erhielten. – Das obige Gebäude ist gleichwohl nicht das einzige Packhaus in diesem unweit von Hafen und Leda gelegenen Stadtviertel. Die nebenstehende Postkarte aus den zwanziger Jahren zeigt den malerischen Wilhelminengang in Leer mit zwei weiteren – trauf- und giebelständigen – Beispielen, von denen das linke 1828 datiert ist (Abb. 22). Am linken Bildrand wird noch der schöne Turm des 1890–1893 errichteten Rathauses der Stadt sichtbar, das in seiner äußeren Gestalt offensichtlich von niederländisch-norddeutschen Vorbildern beeinflußt erscheint: der Turmhelm und die Loggia sind unmittelbar auf die Rathäuser von Emden und Antwerpen zurückzuführen.

Alt-Leer ~ Wilhelminengang

53

Das eingeschossige Traufenhaus um 1850

Eingeschossige Traufenhäuser sind in den städtischen Zentren nur in geringer Zahl erhalten, hauptsächlich in den Vorstädten von Emden, Norden und Leer. Als Reihenhäuser oder als freistehende Doppelhäuser kommen sie jedoch in der zweiten Hälfte des 19. Jahrhunderts häufiger vor, und gelegentlich, wie an der Königstraße in Leer, auch mit zentralen Zwerchgiebeln im Dachgeschoß.

Das hier wiedergegebene Beispiel Friedrich-Ebert-Straße 10/12 in Emden, das unweit des Roten Delfts und damit in nächster Nähe eines Hafens liegt, dürfte um die Mitte des 19. Jahrhunderts entstanden sein (Abb. 23). Auch in der benachbarten Mühlenstraße sind derartige Häuser, jedoch mit ausgebauten Dachgeschossen und Zwerchhäusern, bis in die Gegenwart überliefert, wenn auch nicht immer in authentischem Zustand. Ihre Größe und Lage ist gleichsam ein sozialer Indikator: Sie wurden überwiegend von Unselbständigen, von Hafenarbeitern und Handwerkern bewohnt.

Das Doppelhaus in der Friedrich-Ebert-Straße dürfte der letzte Beleg für eine ursprünglich hier stärker vertretene Bebauung sein, die im Laufe der zweiten Jahrhunderthälfte von historisierenden Wohn- und Geschäftshäusern verdrängt wurde. Die einzige Parallele hierzu bildete die gründerzeitliche Werftarbeitersiedlung „Transvaal" in Emden, die lediglich fotografisch dokumentiert ist, da die Häuser nach dem Zweiten Weltkrieg abgebrochen und durch Neubauten ersetzt wurden.

Obwohl die Aufnahme erkennen läßt, daß die linke Hälfte des Gebäudes in baufälligem Zustand ist, geben wir das Doppelhaus hier stellvertretend für inzwischen zerstörte Beispiele wieder, weil es ein aufschlußreiches soziales Dokument darstellt und einen bemerkenswerten Aspekt der Baugeschichte Emdens bildet. Da der Grundriß hier nicht reproduziert wird, beschränken wir uns auf die Interpretation der Ansicht, die aussagefähig genug ist.[13]

Abb. 23: Emden, Friedrich-Ebert-Straße 10 und 12

Bei einer Breite von je drei Fensterachsen, was einem Maß von etwa sechs Metern entspricht, besitzt das Haus eine für ein Reihenhaus ungewöhnliche Tiefe, die an dem hohen Satteldach abzulesen ist. Aufschlußreich ist vor allem die spiegelbildliche Anordnung der Eingänge in den äußeren Fensterachsen, die auf einen bis zum Hof durchgehenden Flur schließen läßt und die ermöglicht, daß Wohnräume und Küchen aneinandergrenzen. So ergibt sich ein gemeinsamer Schornstein in der Brandmauer, eine ebenso sparsame wie wärmetechnisch günstige Anordnung. Die unterschiedlich hohen Traufgesimse, die Naht in der Dachdekkung und die uneinheitliche Fensterausbildung verraten, daß das Doppelhaus – bei allen Gemeinsamkeiten – nicht in einem Zuge errichtet wurde, sondern daß die beiden Hälften nacheinander entstanden.

Wohnhäuser und Villen des Historismus

Das repräsentative Wohnhaus des Unternehmers und die vorstädtische Villa gehörten, in gleichem Maße wie die Fabrik und die Arbeitersiedlung, zu den bezeichnenden Bauaufgaben der Gründerzeit, einer Epoche, die durch wirtschaftliche Expansion und Industrialisierung, durch Großbürgertum und Proletariat bestimmt war. Wenngleich es die genannten Phänomene und gesellschaftlichen Unterschiede in so extremem Gegensatz in Ostfriesland kaum gegeben hat, so ist doch eine Anzahl bemerkenswerter Häuser erhalten, in denen eine wohlhabende Oberschicht, die sich auf ihre Art als Bourgeoisie verstand, ihrem Lebensgefühl in der ihr gemäßen Form Ausdruck gab. Für die Arbeitersiedlung der Vorstädte haben wir im vorhergehenden Abschnitt entsprechende Beispiele zitiert.

Das eindrucksvollste und wegen seiner erhaltenen Innenräume wichtigste Beispiel dürfte wohl die neugotische Villa an der Neuen Straße in Weener sein, die sich der Viehhändler Hesse 1861 errichten ließ (Abb. 24). In der Anordnung des Grundrisses mit den polygonalen Vorsprüngen und Anbauten, in der Staffelung der Baumassen im Aufriß, in den Materialien von Wand und Dach – dem Verputz und der englischen Schieferdeckung – ist dieses großbürgerliche Haus ganz und gar ein Produkt des Historismus, jener pluralistischen Stilreprise, der alle Baumeister des 19. Jahrhunderts, selbst große Persönlichkeiten wie Karl Friedrich Schinkel, mehr oder weniger verpflichtet waren. Der vorherrschende Stil für öffentliche Bauten, aber auch für vorstädtische Landhäuser und Villen und selbst für Schlösser, war um 1860 noch immer die Neugotik, die um 1750 von England ausgegangen war. Sie prägt auch das Äußere der Villa Hesse. Die vom Sockel aufsteigenden Pilaster, die zinnenartigen Türmchen, die Spitzbogenblenden unter der Traufe und die filigranen gußeisernen

Abb. 24: Weener, Neue Straße 12

Kämme darüber, vor allem aber der monumentale Eingang mit der durchbrochenen Balkonbrüstung machen die Stimmigkeit und Einheitlichkeit dieser schönsten neugotischen Villa in Ostfriesland aus. Es wäre dringend geboten, daß dieses Baudenkmal, das nicht nur äußerlich, sondern auch mit den originalen Stuckdecken und Kachelöfen seiner Innenräume noch leidlich intakt ist, bald restauriert oder zumindest in seinem Bestand gesichert wird, bevor es irreparable Schäden nimmt.

Der Baumeister des Hauses ist nicht bekannt, eine um 1900 entstandene Aufmaßzeichnung, die auch das an der Rückseite angebaute Nebengebäude mit Küche und Wagenremise wiedergibt, ist „H. Vespermann" signiert und trägt die Überschrift „Wohnhaus von Dr. Kampe und Frau Magdalene geb. Hesse"[14]. Eine vergleichbare, weniger aufwendige neugotische Villa mit originaler Tür, die vermutlich denselben Entwerfer zum Urheber hat, befindet sich an der Süderstraße 18 in Weener, und eine weitere fast identische, die heute als Apotheke dient, an der Brunnenstraße 19 in Leer.

Es ist wahrscheinlich, daß all diese Häuser auf den Architekten Eduard Stüve aus Hannover zurückgehen, der auch die in den Jahren 1861/62 errichtete Evenburg in Leer entwarf. Dagegen kommt der führende Baumeister der Neugotik in Norddeutschland, Conrad Wilhelm Haase aus Hannover, schon aus stilistischen Gründen als Urheber wohl nicht in Frage.

Nach der Neugotik und der Neuromanik sowie der auf sie folgenden Neurenaissance entstanden in den achtziger und neunziger Jahren synkretistische Pseudostile, die sich auf den ersten Blick nicht eindeutig zuordnen lassen, weil sie unterschiedliche und bisweilen inkongruente Stildetails an einem Bauwerk zu vereinen suchen. Man hat für diese besondere Spielart des Historismus, in Analogie zur Literatur, den Begriff Eklektizismus gewählt. Das Bürgerhaus Neuer Weg 91 in Norden, das wohl zugleich als Wohn- und Geschäftshaus gedient hat, könnte man der zuletzt genannten Kategorie zurechnen (Abb. 25).

Abb. 25: Norden, Neuer Weg 91

Norden, Neuer Weg 91   *Norden, Neuer Weg 92*

Es orientiert sich in Geschoß- und Fensteranzahl völlig an seinem klassizistischen Nachbarn, von dem es auch nach Dachneigung und Traufenstellung offensichtlich beeinflußt ist (Abb. 19, siehe Seite 45/46). Das mag man als baumeisterliche Rücksichtnahme auf die städtebauliche Situation werten, dennoch hält die Fassade einem Vergleich mit dem noblen Nachbargebäude Neuer Weg 92 nicht stand. Erscheint der regelmäßige Fenster-Pfeiler-Rhythmus noch funktional und konstruktiv folgerichtig, so ist die Gliederung der beiden Geschosse durch flache Pilaster, die von zwei Horizontalgesimsen überschnitten werden und die an der Attika in mächtigen Pfeileraufsätzen mit Satteldächern enden, im Grunde zu kopflastig und irrational. Insbesondere die Pilaster vermögen nicht die Fassade zu begründen, sie sind bestenfalls ein Architekturzitat, aber kaum im Sinne des großen Lehrers Palladio. Die Einzelelemente und die baukonstruktiven Details dieses Hauses erscheinen addiert, nicht integriert, sie bilden nur eine vorgeblendete „Schauseite", wie ein Blick auf die Brandmauer rechts lehrt, und unklar bleibt, welchem stilistischen Vorbild der Entwerfer sich verpflichtet fühlte. Vielleicht ist aber gerade dies das Besondere: daß nämlich der Historismus hier zu einem voraussetzungslosen Eklektizismus abstrahiert wurde und die Fassade einen Versuch darstellt, durch Geometrisierung und Reduktion der Elemente und Ornamente den Historismus zu überwinden – sie hat damit durchaus eine Identität und sogar ihren eigenen, ganz individuellen „Stil".

60

Das Gulfhaus als Wohnhaus

Einen Sonderfall des städtischen Wohnhauses bildet das nichtbäuerliche Gulfhaus der Vorstädte, das von seinem ländlichen Vorbild zumeist nur die äußere Form, nicht aber den Grundriß und die funktionale Zweiteilung übernommen hat. Das ist sofort zu erkennen an dem Fehlen der großen Einfahrt zur seitlichen Gulfdiele. Das Bürgerhaus Conrebbersweg 45 in Leer liefert hierfür ein illustratives Beispiel (Abb. 26). Es wurde wohl gegen 1900 an einer zu dieser Zeit noch wenig bebauten Vorstadtstraße errichtet. Obwohl das Dach im rückwärtigen Bereich wie bei einem Bauernhaus „abgeschleppt" ist, stellt es sich an der Giebelseite mit fünf Fenstern als ein reines Wohnhaus dar.

Mit seiner reichen Ziegelornamentik an Ortgang und Traufgesims und mit den segmentbogenförmigen Lisenen der Fenster ist es ein bezeichnender Vertreter jenes Ziegelhistorismus, der seit 1870 auch öffentliche Bauten und Fabriken in großem Umfang prägte. Dieser Stil knüpfte formal und technisch an die Backsteinbauten des Mittelalters an. Er belegt das Können des zeitgenössischen Maurerhandwerks um 1900, das mit einfachsten Mitteln, mit Rollschichten, diagonal gestellten Bindern und vorkragenden Flachschichten und ohne Verwendung von Formsteinen oft originelle Fassaden von formalem Reichtum und einheitlicher Wirkung schuf. Das hier vorgestellte Haus, das kürzlich behutsam erneuert und erweitert wurde, vermittelt mit seinem liebevoll gestalteten Garten, in dem zur Sommerzeit Rittersporn und Stockrosen blühen und wo geschnittene Hecken und kugelförmige Buchsbüsche eine alte Tradition weiterführen, zugleich eine Vorstellung von einem Bauerngarten des Küstenhinterlandes. In der Mauertechnik wie in der Form der Fenster – dem Segmentbogen – schlägt dieses Gebäude eine Brücke zum ältesten erhaltenen Bürgerhaus Ostfrieslands, das wir als erstes Beispiel dieser Übersicht vorgestellt haben, dem spätmittelalterlichen Steinhaus in Stapelmoor (Abb. 1).

Das Steinhaus in Stapelmoor von 1429

Wohn- und Geschäftshäuser des Jugendstils

Die beiden Jahrzehnte vor dem Ersten Weltkrieg, die auf allen Gebieten der angewandten Kunst eine produktive, aber kurzlebige Blüte zeitigten und deren Erzeugnisse in der Regel dem Jugendstil verpflichtet sind, haben auch der Bürgerhausarchitektur Ostfrieslands einige bezeichnende Beispiele beschert. Es sind nicht immer nur die größeren Orte des Landes, in denen diese Architektur entstand, auch in den kleineren Städten gibt es Jugendstilhäuser, die eine spezifisch ostfriesische Tradition weiterzuführen scheinen.

Als Beleg dafür stellen wir zunächst ein Geschäftshaus am Herdetor in Esens vor (Abb. 27, siehe nächste Seite). Die Hauptschauseite an der Nordwestecke der Straßenkreuzung ist symmetrisch und weist zwei seitliche Schaufenster sowie einen zentralen Eingang auf, über dem sich ein Zwerchhaus mit einem geschwungenen Giebel erhebt. Der Fassade ist bei allem Formalismus der dekorativen Elemente und trotz der Störung durch eine moderne, farblich dominierende Schriftblende, die den architektonischen Zusammenhang zerreißt, ein eigener Stil, ja eine gewisse Anmut nicht abzusprechen. Der Blütenfries unter der Traufe und die stilisierten Pflanzenmotive an Fenstergewänden und Giebel bilden gleichwohl eine formale Klammer, die die Einheit wiederherstellt und das kleine Haus unverwechselbar zu einem Stück Architektur der Jahrhundertwende stempelt. Die filigrane eiserne Wetterfahne auf der Giebelstaffel bildet einen maßstäblich feinen Abschluß, und die beiden Wappenschilde vor den Traufen des Zwerchhauses wirken wie eine Anspielung auf die volutenförmigen Sandsteinkonsolen des Barock.

Von ganz anderem Zuschnitt ist das zweite hier vorzustellende Beispiel, eine zweigeschossige Reihenhauszeile an der Eggenastraße in Emden, die um 1910 entstand (Abb. 28, S. 65). Die Reihenhäuser an der Nordseite der Eggenastraße folgen einem bewährten Grundrißprinzip, das, seit der industriellen Revolution in England entwickelt, auf dem Kontinent in großem Umfang für gründerzeitliche Vorstädte und Arbeitersiedlungen übernommen wurde, etwa in der Bremer Neustadt und bei Werftarbeiterhäu-

sern in Wilhelmshaven-Bant. An der Eggenastraße sind die Treppen des Reihenhauses jeweils spiegelbildlich zusammengefaßt, und im sogenannten Zweispänner der Zwischenkriegsjahre hat dieser Typus seine Entsprechung: mit einem straßenseitigen Treppenhaus, das an den versetzten Fenstern der Fassade abzulesen ist, und einer zweiläufigen Treppe, unter der sich im Erdgeschoß die Haustür befindet. Stil und Gestaltungsmittel haben sich seit dem Beginn des Art Nouveau um 1900 gewandelt: die hier wiedergegebenen Fassaden an der Eggenastraße mit ihrem flachen, geometrisierenden Dekor weisen keinerlei Anspielungen auf die üppigen Pflanzenmotive des frühen Jugendstils mehr auf. In den halbrunden Zwerchgiebeln der vorgezogenen Treppenhäuser scheint einmal mehr die Umrißform des Emder Barockhauses anzuklingen, die Voluten sind hier zu bloßen Kreisen stilisiert. Mehr als eine Mode, die nur die äußere Hülle, nicht die Konstruktion und Disposition des Inneren zu beeinflussen vermochte, war der Jugendstil bei derartigen Geschoßwohnungen in der Regel nicht. Gleichwohl schuf er die Voraussetzungen für „Werkbund" und „Neue Sachlichkeit" sowie für die Ziele, die das Bauhaus in den zwanziger Jahren zu verwirklichen suchte.

Wohn- und Geschäftshäuser der zwanziger Jahre

Die zwanziger Jahre brachten, wie andernorts, auch in Ostfriesland eine Architektur hervor, in der Einflüsse der Malerei, vor allem des Expressionismus und solche der Neuen Sachlichkeit, verarbeitet sind und die, insbesondere in ihren individueller gestalteten Eingängen und Haustüren, zum Teil Elemente eines späten Jugendstils oder des Art Déco übernommen hat.

Die Reihenhausgruppe Ringstraße 36–38 in Emden, aus der wir nebenstehend einen Ausschnitt wiedergeben, läßt sich durch Material und Stil eindeutig dem Expressionismus zuordnen (Abb. 29). Das Material der Außenwände ist hier der hartgebrannte, frostbeständige Ziegel, der in seinen gesinterten Partien stellenweise eine dunkelrote bis bläuliche Färbung angenommen hat. Im flächigen Mauerwerk des Erdgeschosses wirkt er nur durch sein lebendiges Farbenspiel, aber in den plastischer gestalteten Obergeschossen über dem kräftigen Stockwerksgesims entfaltet er dann seine dekorativen Möglichkeiten. Die dreieckigen Mauerpfeiler neben den Fenstern und der prismatische Zickzackfries des Staffelgiebels demonstrieren eindrucksvoll, wie sich expressionistische Architektur mit einfachsten Mitteln in gleichsam kristalliner Form darstellen kann – hier durch Backsteinmauerwerk mit bündigen Fugen, mit übereck gestellten Steinen und ohne jeden expressiven Dekor, wie er etwa die Bauten Högers in Hamburg auszeichnet.

Der Eingang mit der Haustür, der in dem hier gezeigten Beispiel original erhalten ist, erscheint in den verspielten Ornamenten der Türfüllung, der geschnitzten Türpfosten und des Oberlichtes eher einem gefälligen Art Déco verpflichtet als dem Expressionismus. In der außen bündigen Anordnung der Türzarge und mit den beischlagartigen Treppenwangen jedoch gibt sich der Eingang insgesamt sehr norddeutsch; lediglich die großen Fenster, die statt der alten Drehflügel neuerdings Drehkippflügel erhalten haben, wirken mit ihren allzu dünnen Sprossen und der großen Teilung etwas unglaubwürdig; in jedem Fall sind sie als ein Versuch, den Belangen der Denkmalpflege gerecht zu werden, positiv zu bewerten.

Das zweite Beispiel, das an der Einmündung zum Marktplatz in Esens am Ende der Herdestraße gelegene Geschäftshaus der Gebrüder Janssen, erscheint in der „graphischen" Gestaltung des Giebels, die insbesondere bei starkem Sonnenlicht zum Ausdruck kommt, zunächst eher sachlich als expressiv (Abb. 30). Ein Blick auf die Fenster der Obergeschosse lehrt jedoch, daß deren Umrahmungen eher von der Möbelornamentik der zwanziger und dreißiger Jahre als vom bildhauerischen Expressionismus oder der Neuen Sachlichkeit beeinflußt sind. Es ist der modische Ornamentstil der späten Weimarer Republik, der sich an diesem Giebel in charakteristischer Form darstellt: mit stark vortretenden, kubischen und karniesähnlichen Fensterverdachungen und Sohlbänken, mit Konsolen und schrägen Leibungen, sogar mit verputzten, konkaven „Quadern", die wie eine verspätete Reminiszenz an die Rustika des 19. Jahrhunderts erscheinen.

Dieser Stil, der in den dreißiger Jahren seinen Höhepunkt erreichte, gab sich eher dekorativ als „sachlich" und ist mit gutem Grund als Art Déco in die Kunstgeschichte eingegangen. So wird auch dieses Geschäftshaus durch bloßen Augenschein datierbar: Es dürfte in den Jahren nach 1930 entstanden sein. Dieser Stil hat mit Messing, Chrom und Glas die Gestaltung der Automobile ebenso beeinflußt wie die Innenarchitektur der Wolkenkratzer oder die Ausstattung der großen Ozeanschiffe. Er kommt auf seine besondere lokale Art auch in der Wetterfahne mit drei Ringen und einer vergoldeten Kugel, die den Staffelgiebel bekrönt, zum Ausdruck. Bei aller sonstigen stilistischen Verbindlichkeit des Hauses erscheint dagegen das mit sogenannten Sparverblendern verkleidete Erdgeschoß ganz und gar unstimmig, ein Tatbestand, der offensichtlich auf eine spätere Umbaumaßnahme zurückzuführen ist.

Abb. 30: Esens, Herdetor/Ecke Markt

Anmerkungen

1 Siehe A. Bernt, Deutsche Bürgerhausforschung; in: Festschrift Günther Wasmuth, Tübingen 1968, S. 102.

2 Siehe H. van Lengen, Kultur und Landschaft Ostfriesland; Essen 1978, S. 45, Abb. 2.

3 Siehe H. van Lengen, Der mittelalterliche Wehrbau im ostfriesischen Küstenraum, S. 344, zitiert nach: E. Pühl, Backsteinbauten des 15. bis 17. Jahrhunderts ..., Oldenburg 1979, Anm. 10. Zum Ausdruck „stins" vgl. auch: Formsma, Luitjens-Dijkveld und Pathuis, De Ommelander Borgen en Steenhuizen, Assen/Maastricht 1987, S. 3, wo es heißt „... in Friesland noemde men de steenhuizen stinsen ...".

4 Das „um 1600" datierte Haus Brauersgraben 2, abgebildet in: H. Siebern, Die Kunstdenkmale der Stadt Emden (Nachdruck), Osnabrück 1980, Fig. 196. Die Häuser am Neuen Markt sind wiedergegeben in: K. Mählmann, Das Wohnhaus Alt-Emdens vom 15. bis 19. Jahrhundert, Bromberg 1913, Fig. 81.

5 Eine Ausnahme bildet die sog. Stadthalle in Emden von L. van Steenwinkel, die schon von Siebern (Anm. 4) in Zeichnung und Photographie dargestellt wurde, die aber zunächst als Gieß- und Tuchhalle erbaut und nicht primär als Packhaus genutzt wurde. Auch S. Auffahrt und W. Voigt behandeln in ihrer Studie „Emden Klein-Faldern", Hannover 1980, auf Seite 72 zwei neuere Packhäuser in dieser Stadt, und J. Bär gibt eine summarische Darstellung der Entwicklung dieses Bautypus in dem Aufsatz „Drei Packhäuser in Emden", in der „Festschrift Kurt Asche", Lilienthal 1990, S. 17 ff.

6 Seit 1845, als der Baustoffhandel begann, wurden auf dem Grundstück Muscheln („Skill") zu Muschelkalk verarbeitet, die damals errichteten Kalköfen haben sich aber nicht erhalten. Frdl. Auskunft von Herrn Baustoffhändler Hesse, Weener, im Juli 1991.

7 Siehe H. Ramm, Bürgeraktion „Erhaltet das Knodtsche Haus am Markt in Aurich", Aurich 1974.

8 Siehe die Abbildung in: H. Ramm, Bürgeraktion (Anm. 7), auf der 6. und 7. Seite des Faltblattes.

9 Diese Fassade geht nach G. Canzler, „Norden – Handel und Wandel", 1989, auf einen Umbau aus dem Jahre 1835 zurück, wobei zwei Häuser der Osterstraße vereint wurden. Diese Datierung erscheint aber aufgrund stilistischer Kriterien wenig glaubhaft.

10 Siehe die Fassaden in: H. Siebern (Anm. 4), Fig. 205–207 und 209.

11 Zitiert nach: M. F. Helmers, Das Gulfhaus – Entstehung und Entwicklung, Oldenburg 1943, S. 52 und Abb. Z 12. Vgl. auch: ders., Das Inselhaus auf Baltrum. In: Deutsche Volkskunde 3/1941.

12 Siehe U. Cremer, Norden im Wandel der Zeiten, Norden 1955, S. 117; dort heißt es: „Erbaut von P. Fr. Lubinus 1805".

13 Der Grundriß ist wiedergegeben in: S. Auffahrt u. W. Voigt (Anm. 5), S. 54. Nach Auskunft von Herrn Dipl.-Ing. D. Janssen wurde das Haus im September 1991 abgebrochen. Der letzte Bewohner des Hauses Nr. 12 war der über neunzigjährige Müllermeister Richard Thiele.

14 Für die freundliche Überlassung einer Kopie des Grundrisses danke ich an dieser Stelle Herrn Rechtsanwalt Dr. Enno Conring in Weener. Nach A. Fr. Risius wurde das Haus erst 1870 erbaut; siehe ders.: Stadt Weener/Ems, Weener 1979, S. 151.

Abbildungsnachweis

Titelbild: Der Hafen von Greetsiel mit Bürgerhäusern aus dem 17. und 18. Jahrhundert. Nach einem Gemälde von Julian Klein von Diepold im Besitz der Stadt Emden. – Foto: H. R. Wacker/Landesmuseum Oldenburg

Foto Seite 18: M. Martens, Soltau-Kurier-Norden

Alle übrigen Abbildungen: Kurt Asche, Oldenburg